LETTRE

SUR

LE REFUS DE L'IMPÔT,

A

M. le Comte de Montlosier.

LETTRE

SUR

LE REFUS DE L'IMPOT,

A

M. le Comte de Montlosier,

Par A. Picard.

MONSIEUR LE COMTE,

Le Journal des Débats nous avait annoncé d'avance votre dernière brochure comme un chef-d'œuvre de droit public et politique où les Publicistes pourraient désormais venir puiser et s'enrichir des trésors de votre science ; et à peine a-t-elle été mise en lumière que les organes du libéralisme,

Ont trépigné de joie, ont pleuré de tendresse,

parce que , probablement, ils ont pensé que vous aviez enfin chassé les Écrivains royalistes de leur dernier refuge.

J'ai donc eu tentation, Monsieur le Comte, de lire cette élucubration annoncée avec tant d'emphase, tant de bruit, tant d'éclat, et j'ai vu.... *vidi montem parientem murem !*

Voyons, si je prouverai cela.

Vous divisez votre brochure en dix-sept chapitres. Une partie du premier est consacrée en complimens que vous vous faites sur vos prévisions et sur l'accomplissement de vos prophéties. Jusque-là, je n'ai pas le plus petit mot à dire ; permis à vous de vous louer comme bon vous semble. Le reste de ce chapitre et les quatre suivans sont employés à tracer l'historique des partis en France, depuis la restauration ; mais comme tout cela n'a aucun rapport, aucune affinité avec la question de savoir si la Chambre a le droit de refuser l'impôt, je ne vous contesterai rien à cet égard.

Dans le chapitre VI, vous établissez une conférence entre la Chambre de 1789 et celle de 1830 ; après quoi, vous demandez avec toute la simplicité d'un candide campagnard, quel intérêt pourrait avoir la majorité à refuser le Budget et à renverser le Ministère. Quoi ! vous ne voyez pas cela? Mais Monsieur le Comte , c'est tout bonnement , puisqu'il faut vous l'apprendre, dans le philantropique dessein de pousser ses grandes capacités aux sommités du pouvoir, et d'exploiter les Administrations publiques au moyen de reflets de faveur qu'elle recevrait de ces hautes capacités, de ces Ministres-modèles. Voilà l'intérêt qu'a la majorité à refuser le Budget. Cela était-il donc si difficile à apercevoir!

Arrivé au chapitre VII, vous mettez en jeu tous les ressorts de votre imagination pittoresque, pour nous persuader que le Clergé joue un rôle immense dans notre système politique ; qu'il s'efforce sans relache d'abrutir, d'idiotiser les peuples pour les mieux dominer ; qu'il jette dans les campagnes , et vous assurez l'avoir vu , des semences continuelles de sédition et de révolte. De tels raisonnemens se réfutent d'eux-mêmes , et tombent comme des capucins de cartes, au premier souffle de la raison. D'ailleurs, cette fantasmagorie si inhabilement inventée n'ayant, non plus, aucun trait à la question du Budget, je passe aux chapitres suivans.

Au chapitre VIII, vous dites que le Roi a juré la Charte, mais qu'il n'est pas bien sûr qu'il soit en son pouvoir de la faire exécuter à cause des obsessions continuelles d'une foule de cupidités intéressées à égarer sa sagesse, et vous en concluez qu'on doit refuser le Budget. Voilà ce que M. Bavoux appellerait un argument de fer. En effet, renverser un Ministère pour se mettre à sa place, et s'adjuger ensuite le Budget qu'on lui refuse, c'est sans doute de la part d'une majorité un acte de la plus haute sagesse. Cela est admirable ! Passons au chapitre IX.

La Chambre, dites-vous dans ce chapitre, a-t-elle pu se dispenser d'énoncer que son concours avec de tels Ministres était impossible ? Cette question se rattache à la question véritable et je m'y arrête.

En refusant son concours, la Chambre a donné sa démission, et le Roi aurait pu très-constitutionnellement ne plus la convoquer ; voici pourquoi : l'autorité, dit-on, réside dans le concours des trois pouvoirs, soit. Si le Roi, à qui appartient la puissance exécutive, ne veut plus proposer les lois, les sanctionner, les promulguer, les faire exécuter ; s'il ne veut plus commander les forces de terre et de mer, nommer aux emplois d'administration publique, etc., alors, le Roi abdique sa couronne. Mais comme notre gouvernement est monarchique par *essence*, il faut un autre roi. Si la Chambre héréditaire refuse son concours, elle détruit elle-même le principe de son existence, elle abdique ses nobles fonctions. Mais comme aux termes de l'article 24, les Pairs sont une portion *essentielle* de la puissance législative, il faut créer d'autres Pairs. Si c'est la Chambre élective qui donne sa démission, et elle la donne en refusant son concours, car c'est là l'unique condition de son existence, on peut constitutionnellement se passer d'elle désormais, parce que suivant l'article 35, elle n'est pas, comme l'autre Chambre, une portion *essentielle* de la puissance législative. En rédigeant cet article 35, l'auteur de la Charte avait prévu ce qui est arrivé.

Si donc le Roi a convoqué la Chambre des Députés pour le 3 août prochain, il n'en faut pas conclure qu'il se soit cru obligé à le faire. C'est uniquement parce qu'il veut étendre la générosité et la patience qui lui sont si naturelles jusqu'au terme au-delà duquel cette générosité et cette patience deviendrait incompatibles avec la dignité de sa couronne et le bien du pays. Les concessions que fit Louis XVI en 1791 sont présentes à sa pensée, et doivent être pour tous les Rois un avertissement salutaire. Soyez donc bien convaincu, Monsieur le Comte, que si la majorité nouvelle refusait une deuxième fois son concours, elle ne le refuserait pas une troisième.

Mais, direz-vous, si la Chambre des Députés ne pouvait refuser de concourir avec des Ministres qu'elle n'aimerait pas, elle jouerait un rôle absolument passif, complètement nul. C'est bien là ce qu'ont essayé de nous persuader les Journaux qui vous préconisent tant ; mais il n'y a rien au monde d'aussi évidemment faux. N'est-ce donc rien que le droit de mettre les Ministres en accusation dès qu'ils se rendent coupables des crimes prévus par l'article 56 de la Charte ? Et que voulez-vous de plus ? Avec un pareil droit est-il possible aux Ministres de franchir impunément les limites de leur devoir ?

Maintenant, il nous reste huit chapitres ; mais comme le seizième est le seul qui ait trait à la question qui nous occupe, je ne discuterai plus que celui-là.

Dans ce chapitre, Monsieur le Comte, vous demandez si le Roi peut absolument choisir ses Ministres, et si les Députés peuvent aussi d'une manière absolue refuser le Budget. Ensuite, et sans hésiter, vous résolvez ces deux questions affirmativement. Ici, il faut que j'avoue que je n'ai jamais rien vu d'aussi antinomique, d'aussi inconciliable que ces deux solutions, et je crois que la plus obtuse intelligence le reconnaîtrait sans peine. En effet, si le Roi a le droit de choisir ses Ministres, la Chambre ne peut refuser le

Budget, car ce refus ne peut avoir d'autre but que celui d'obliger le Roi à les renvoyer; et si les Députés ont le droit de refuser le Budget, le Roi ne peut avoir celui de choisir ses Ministres, puisque la majorité refuserait l'impôt jusqu'à ce qu'elle eut obtenu des Ministres à sa convenance. Cela est-il clair, Monsieur le Comte? Oui, direz-vous; mais cependant, s'il fallait un milliard et que les Ministres demandassent douze cents millions, il faudrait donc accorder ce Budget? Oui, justement; et vous allez voir qu'il n'en pourrait résulter aucun inconvénient. En votant ce Budget, vous faites vos protestations, vos réserves; et après le vote, vous accusez les Ministres comme concussionnaires. Si la Chambre des Pairs les condamne, alors, mais seulement alors, le Roi doit les renvoyer, et les deux cents millions qui ont été votés en sus des besoins de l'Etat sont mis en réserve par le Ministère successeur, et viennent en déduction sur le Budget prochain. Voilà comme on agit quand on est véritablement ami de l'ordre, de la légalité et de son pays. Mais poussons plus loin cette démonstration.

Monsieur le Comte, qu'est-ce que la loi de l'impôt? C'est une loi fondamentale, une loi mère, une loi créatrice à laquelle toutes les autres lois doivent leur origine, leur appui et leur force. En France, elle date de 420 ; c'est-à-dire, depuis l'avènement au trône de Pharamond, le premier de nos Rois, et elle restera dans toute sa vigueur native aussi long temps que les Français vivront en société et qu'ils auront un Gouvernement, parce que dans tous les pays civilisés cette loi est la bâse sur laquelle les sociétés reposent. Or, cette loi créatrice sans laquelle toutes les autres seraient inexécutables, la Chambre élective, qui n'est que la troisième branche du pouvoir, pourrait l'abolir *de proprio motu*, et faire écrouler ainsi sur sa bâse l'édifice social? Allons donc! vous confondez, Monsieur le Comte, le mode d'exécution de la loi de l'impôt, avec la loi elle-même. La Charte parle du vote annuel, il est vrai, mais elle n'entend pas qu'on votera autre chose que le mode d'exécution, et cela doit être ; car, les besoins de l'Etat variant toutes les années, toutes les années il faut recourir à cette mesure qui a pour but unique de déterminer le mode d'après lequel la loi de l'impôt sera exécutée ; mais les trois pouvoirs réunis n'auraient évidemment pas le droit d'abolir cette loi, parce qu'ils n'ont pas celui de tuer la société. Eh bien, s'il ne s'agit ici que de mettre une loi à exécution, et si au Roi seul appartient la puissance exécutive, pourquoi ne leverait-on pas l'impôt par ordonnances, si la majorité refusait encore une fois son concours?

Mais voici un autre de vos argumens auquel je n'ai pas répondu, et sur lequel vous avez surtout paru faire fond. Cette scission survenue entre le Roi et la Chambre, dites-vous, est la chose du monde la plus fâcheuse, la plus affigeante; mais néanmoins les Députés ne doivent pas s'arrêter devant des considérations morales, ni redouter les catastrophes qu'amènerait le refus de l'impôt; le Roi, ajoutez-vous, l'a ainsi voulu ; en octroyant la Charte, il savait bien à quoi il s'exposait , *quia rem suam potuit apertiùs dicere.*

Certes, voilà de l'érudition , ou je ne m'y connais pas. Cependant, il y a un petit malheur, c'est que cette savante citation latine vous met en contradiction manifeste avec vous-même , sape et détruit de fond en comble la thèse que vous aviez posée et laborieusement soutenue jusque-là. Monsieur le Comte, écoutez bien ceci, s'il vous plaît : l'article 1021 de notre Code civil consacre un principe directement contraire au principe d'une loi romaine qui permettait au testateur de léguer la chose d'autrui, et la conséquence nécessaire qu'on doit tirer de ce fait, c'est que l'invocation des lois romaines n'est utile, n'est bonne que là où les lois positives sont muettes ; que ce n'est qu'en l'absence d'un texte formel qu'il est permis de recourir à ce riche répertoire de la raison écrite ; mais quand une question agitée se réfère à une de nos lois dans laquelle elle peut trouver une solution aisée, argumenter alors des lois romaines, c'est faire une argumentation en vérité bien ridicule, et c'est précisément là ce que vous avez fait.

Cependant, ce ridicule d'aller remuer, d'aller feuilleter ce que plusieurs auteurs appellent l'immense corps de droit Tribonien pour en extraire une disposition qui se trouverait dans notre Code civil serait peu de chose, puisque ce ne serait pas un raisonnement faux, un raisonnement qui renverserait l'édifice phraséologique que vous aviez construit avec tant de labeur ; mais hélas ! un plus grand malheur vous est arrivé ! c'est précisément sur votre belle citation latine qu'a été calqué l'article 1162 de notre Code civil, lequel article régit les contrats synallagmatiques. Or, comme vous convenez vous-même que la Charte est un don, il fallait tout bonnement, si vous en aviez la force, résister à l'attrait de faire de l'érudition, et lire l'article 953 au titre des Donations. Là, vous auriez vu qu'une donation est révocable pour cause d'inexécution des conditions. Ainsi, comme d'après le paragraphe II de la Charte, intitulé : *formes du Gouvernement du Roi*, le concours de la Chambre élective est la condition du don, lorsque cette Chambre refuse son concours, n'exécutant plus la condition constitutive de son existence, le Roi peut la dissoudre et ne plus la convoquer, puisque, comme je l'ai dit, aux termes de l'article 35, elle n'est pas, comme l'autre Chambre, une portion essentielle de la puissance législative.

J'ai l'honneur d'être etc.,

A. RICARD.

LOTTIN DE S.-GERMAIN, IMPRIMEUR, RUE DE NAZARETH, N°. 1. (Paris, 1830.)